NATIONAL GEOGRAPHIC

Peldaños

Las Grandes Llanuras
¿DÓNDE ES ESO?

MAR DE
hierba

por Sherri Patoka

Esto es Scotts Bluff, en Nebraska. Es parte de las Grandes Llanuras. Scotts Bluff era uno de los lugares emblemáticos más importantes que los primeros pioneros vieron cuando viajaban al Oeste.

Las Grandes Llanuras es una región grande y en su mayoría llana. Está llena de pastizales que se encuentran entre el Medio Oeste y las montañas Rocosas. Cuando se está en el medio de estas llanuras, se observa que el suelo está principalmente cubierto con hierba alta. Eso se llama **pradera**. Casi no hay árboles que bloqueen la vista a la distancia, por lo tanto, el cielo parece enorme.

Cuando el viento sopla a través de la pradera, la hierba alta se enrolla como olas. Parece como si uno estuviera en el medio de un mar de hierba.

Hay lugares de la pradera donde la hierba es más alta que una persona.

Pero no todos los lugares de las Grandes Llanuras son llanos y están llenos de hierba. Cuando los pioneros viajaban por las llanuras hacia el Oeste, vislumbraban Scotts Bluff (que se muestra aquí). Scotts Bluff es un grupo de montículos. Un **montículo** es una colina empinada con una cima llana. Parece una montaña con la cima cortada. Después de viajar durante semanas en las praderas llanas, los pioneros estaban contentos de ver montículos que se elevaban sobre la llanura.

¿Dónde es eso?

LAS GRANDES LLANURAS

Como puedes ver en este mapa, la región de las Grandes Llanuras ocupa partes de diez estados en el medio de los Estados Unidos. Hay mucho para explorar en esta tierra de hierba alta que se enrolla suavemente bajo un gran cielo.

Montana

Dakota del Nor

Dakota del Sur

Wyoming

Camino de Oregón

Colorado

Nuevo México

Wyoming

Devils Tower, en Wyoming, fue el primer monumento nacional de los Estados Unidos. Se eleva a más de 1,200 pies sobre la pradera. Es una masa de roca volcánica dura que surgió del suelo hace millones de años. La roca que la rodea se desgastó y dejó su lado agrietado y la cima llana.

Kansas

¡Los perros de las praderas tienen sus propias ciudades! Viven bajo tierra a lo largo y ancho de las Grandes Llanuras. Estos animalitos son expertos cavadores de túneles. Construyen cada habitación por una razón. Tienen dormitorios y baños. Los perros de las praderas incluso tienen habitaciones para escuchar si hay peligro afuera. Los puedes visitar en el Parque Estatal Prairie Dog, en Kansas.

Camino de Oregón

En la década de 1840, la mayoría de los habitantes de los Estados Unidos vivían en el Este. Las personas comenzaron a mudarse hacia el Oeste en busca de tierras y aventuras. El Camino de Oregón se extendía desde el río Missouri hasta el oeste de Oregón. Miles de personas recorrieron este camino en grupos de carretas cubiertas llamados caravanas de carretas.

Nebraska

¿Puedes imaginarte que cerdos gigantes y rinocerontes pequeños deambulan en el medio de los Estados Unidos? Hace millones de años, diferentes tipos de animales deambulaban por las praderas. Incluso había perros osos. ¡Esos animales feroces eran tan grandes como los lobos! Los fósiles de los lechos de fósiles Ashfall, en Nebraska, pintan un cuadro de cómo era la vida hace muchísimo tiempo. Estos trabajadores exponen a la luz los huesos de un rinoceronte que vivió hace 10 millones de años.

Nebraska

Kansas

Oklahoma

Texas

Oklahoma

Algunos pioneros querían establecerse en las Grandes Llanuras. Pero sin árboles de donde obtener madera, necesitaban diferentes tipos de materiales para construir casas. La respuesta era el césped, el grueso suelo de la pradera se mantenía unido con raíces de hierba. En la actualidad solo quedan unas cuantas casas de césped. Se las puede ver en el museo Sod House, en Oklahoma.

Compruébalo ¿Qué palabras puedes usar para describir las Grandes Llanuras?

Del campo a la

por Cynthia Clampitt

La agricultura es importante en las Grandes Llanuras. Puedes ver por qué cuando observas estos campos de trigo en Kansas. Las áreas doradas de esta foto son campos de trigo listos para la cosecha.

mesa

Si volaras en avión a través de las Grandes Llanuras, ¿qué verías? La tierra debajo de ti parecería un tablero de damas. Cada cuadrado es una granja en la que se cultiva un alimento diferente. Quizá haya algunos parches marrones en el tablero de damas, donde los granjeros aún no han sembrado. Se trata del **mantillo**, la capa superior fértil de suelo en la que crecen las plantas. El mantillo de las Grandes Llanuras es uno de los más profundos y fértiles del mundo. Abundante sol y un suministro de agua subterráneo hacen que esta tierra sea perfecta para la agricultura.

La región de las Grandes Llanuras se conoce como el granero de los Estados Unidos. Eso se debe a que gran parte de los cultivos de trigo de la nación se producen aquí. El trigo se muele para hacer harina, que luego se usa para hacer pan y muchos otros alimentos. Pero el trigo no es el único alimento que se cultiva aquí. El maíz, la soja, la remolacha azucarera y muchos otros cultivos crecen bien en las Grandes Llanuras.

En primavera, los granjeros aran los campos y siembran los cultivos. El sol y la lluvia de verano ayudan a que crezcan los cultivos. A fines de verano y otoño es la época de cosecha, o recolección de los cultivos. ¡Los granjeros de las Grandes Llanuras ayudan a alimentar a personas de todo el mundo!

Traigan las máquinas

A comienzos del siglo XIX, un explorador llamado Zebulon Pike fue a inspeccionar las tierras del oeste del país. Afirmaba que era imposible cultivar las praderas del oeste. El tepe, o la hierba y sus raíces, formaban una capa resistente que no podía eliminarse para sembrar. Tampoco había suficiente agua. Qué pena que no pudiera ver la enorme fuente de agua subterránea que haría que el cultivo de alimentos fuera más fácil. Y qué pena que no hubiera conocido a John Deere.

En el año 1837, un herrero que se llamaba John Deere inventó un arado de acero que podía "romper" el tepe. Los granjeros que lo usaron se hicieron conocidos como **sodbusters**.

Las cosas han cambiado mucho para los granjeros desde los días de John Deere. El difícil trabajo de la agricultura se ha hecho más fácil con equipos más grandes y mejores. De todos modos, cultivar la tierra toma mucho tiempo y trabajo. Pero las máquinas monstruosas de la actualidad hacen que el trabajo sea más fácil... y un poco más divertido.

Los granjeros trabajan en enormes tractores que tienen ruedas más altas que una persona adulta. ¡Esos tractores pesan tanto como 10 carros!

> Máquinas enormes como esta cosechadora hacen que el trabajo de los granjeros sea más fácil. Una cosechadora corta el trigo, separa el grano del resto de la planta y lo limpia. Una máquina lo hace todo.

Tres cultivos principales

Los granjeros de las Grandes Llanuras cultivan muchos tipos de alimentos. Pero los tres cultivos principales son el maíz, el trigo y la soja. En una temporada de cultivo, pasan de semillitas a plantas en el campo y luego a alimento en tu mesa.

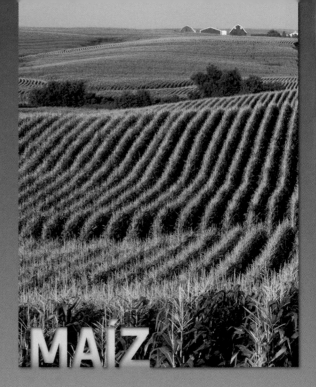

MAÍZ

Los granjeros estadounidenses cultivan más maíz que cualquier otro alimento. En el estado de Iowa, en las Grandes Llanuras, se cultiva más maíz que en cualquier otro estado. Una típica planta de maíz de Iowa puede crecer hasta alcanzar los ocho pies de alto.

Quizá hayas comido maíz en la mazorca anteriormente. ¿Sabías que el maíz puede hervirse para hacer un jarabe dulce?

El maíz se usa en muchos alimentos, como estas tortillas de taco. El maíz también se usa para hacer combustible para carros, un edulcorante para la pasta de dientes, ingredientes de pinturas, vitaminas e incluso bujías.

TRIGO

Hay aproximadamente 50 granos en un tallo de trigo.

Los colonos europeos trajeron el trigo con el que se hace la masa de la pizza. Era fácil de cultivar.

El trigo se muele para hacer la harina que se usa para hacer cereales y productos horneados como el pan. Solo comemos los granos. Los tallos se usan como forraje para que se acuesten los animales... y para hacer papel.

SOJA

¿Alguna vez has comido *edamame*? *Edamame* es la palabra japonesa para denominar a la soja.

Los granjeros cambian el lugar donde siembran sus cultivos cada cierta cantidad de años. Reemplazar campos de maíz o trigo con soja algunos años es una buena idea. La soja agrega nutrientes al suelo que esos otros cultivos necesitan para crecer.

La soja es un desayuno sabroso. La soja puede convertirse en leche de soja y usarse en barras de granola. La soja incluso puede usarse para hacer tinta.

Sigue al granjero

Las Grandes Llanuras se vuelven muy ajetreadas en la época de cosecha. Los granjeros como John comienzan su día antes del amanecer. Tienen pocos descansos, y trabajan del amanecer al atardecer. A veces, incluso trabajan siete días a la semana. Echemos un vistazo a un día de trabajo de John durante la cosecha del trigo.

8:00 A. M. Me gusta asegurarme de que estoy realmente cómodo cuando subo a la cosechadora. Eso se debe a que paso la mayor parte del día sentado en esta máquina. Esta máquina combina muchas tareas, desde cortar el trigo y separarlo de los tallos hasta quitar la cáscara que rodea los granos.

AMANECER

Después de alimentar a las vacas y los cerdos, recojo del gallinero los huevos del día. Me llevo unos cuantos de esos huevos a la cocina y como un gran desayuno. Generalmente observo mis campos cuando sale el sol, para saber qué debe hacerse. Hoy, el trigo se ve listo para la cosecha.

MEDIODÍA

A veces las cosas no salen bien. Partes de la máquina se rompen, o, como hoy, la cosechadora se atasca. Cuando eso sucede, tengo que arreglar el problema en ese momento y lugar. El invierno se aproxima, y los cultivos deben cosecharse. No tengo tiempo que perder. Después de hacer las reparaciones, me relajo en la sombra mientras como los dos sándwiches que preparé para el almuerzo.

4:00 P. M. Es hora de que pase parte de los granos a un camión que espera. Me gusta que el camión siga a la cosechadora en el campo, para que la cosechadora no tenga que ir muy lejos una vez que está llena. Cuando el grano esté cargado, lo llevaré a una instalación de almacenamiento donde se secará y quedará hasta que pueda venderlo.

9:00 P. M. Ahora está oscuro, pero todavía estoy trabajando. Quiero terminar con esta sección de mis campos de trigo. Las cosechadoras tienen muchas luces porque los granjeros solemos trabajar hasta muy tarde en la noche, especialmente durante la cosecha. Después de pasar esta carga de granos al camión, cenaré tarde, luego me relajaré y pasaré un rato con mis hijos antes de irme a dormir. ¡Mañana será otro día ajetreado!

Compruébalo ¿Qué hace que las Grandes Llanuras sean aptas para la agricultura?

Lee para descubrir cómo las familias de granjeros tuvieron dificultades para sobrevivir durante el Tazón de Polvo.

EL TAZÓN DE POLVO

por Becky Manfredini

"¡OH, BELLA POR LOS CIELOS ESPACIOSOS, POR LAS OLAS ÁMBAR DE GRANOS, POR LAS MONTAÑAS PÚRPURA MAJESTUOSAS, SOBRE LA LLANURA FRUTADA!"

— DE "AMÉRICA LA BELLA",
POR KATHARINE LEE BATES

A comienzos de la colonización de las Grandes Llanuras, esta amplia tierra estaba realmente llena de "olas ámbar de granos". A fines de la década de 1920, los granjeros habían sembrado millones de acres de trigo. De hecho, sembraron demasiado trigo. Usaron la tierra en exceso, arándola y sembrando con demasiada frecuencia. Sembrar el mismo cultivo constantemente debilitó el suelo. Pero lo peor estaba por venir.

Apenas unos años después, una terrible **sequía,** o período con lluvia escasa o nula, azotó a la región. Los cultivos se secaron y murieron. Enormes campos de trigo quedaron destruidos. Lo que es peor aún, el mantillo seco ya no tenía plantas que lo mantuvieran en su lugar. Los vientos recogieron el suelo seco y lo arrastraron en tormentas de polvo.

En el año 1935, los reporteros de los periódicos apodaron **Tazón de Polvo** al área que sufría las tormentas de polvo. Esto incluía partes de Colorado, Kansas, Texas, Oklahoma y Nuevo México. Pronto se usó el término "Tazón de Polvo" para describir la época de las tormentas de polvo, así como a los lugares que azotaron estas tormentas.

< Nubes oscuras de tierra soplaron fuerte y rápidamente a través de pueblos pequeños. Cubrieron las casas con una delgada capa de polvo.

VENTISCAS NEGRAS

Imagina que estás en una ventisca y la nieve te pica la cara. No ves más que el color blanco. Ahora imagina que la nieve es negra… y no hace frío afuera. Estás en una "ventisca negra", el peor tipo de tormenta de polvo. Durante el Tazón de Polvo las personas pudieron ver que se aproximaba una ventisca negra. Era un enorme y distante muro de tierra negra que se acercaba rápidamente. Esta nube de tierra y polvo se tragaba los rayos del sol y provocaba oscuridad.

La peor ventisca negra sucedió el 14 de abril de 1935. Este informe apareció en la revista *New Republic*. Lo escribió Avis D. Carlson, que sobrevivió a la tormenta.

El impacto es como una palada de arena fina arrojada a la cara. La gente que se vio atrapada en su propio jardín llegó gateando a su puerta. Los carros quedaron detenidos, pues no hay luz en el mundo que pueda penetrar esas tinieblas arremolinadas… Vivimos con el polvo, lo comemos, dormimos con él, observamos cómo nos despoja de nuestras pertenencias y las esperanzas de tener pertenencias.

Richard Sell, de Perryton, Texas, escribió esto sobre el mismo día:

Nuestra madre… salió corriendo de la casa. Estaba asustada. Nos pidió que entráramos a la casa de inmediato… Miré hacia el Noroeste y vi que se aproximaba un terrible muro sólido de oscuridad arrolladora. En minutos todo estaba oscuro, y el viento y el polvo entraban en la casa por todos lados… Tengo ese día aterrador tan claro en mi mente como si hubiera sucedido el año pasado.

> Las tormentas de polvo más poderosas podían llevar millones de toneladas de tierra a través de las Grandes Llanuras. El viento barrió el suelo de los terrenos de cultivo y lo esparció muy lejos.

Una gigantesca tormenta de polvo se aproximaba a la ciudad de Elkhart, Kansas, en el año 1937. Una vez que la tormenta llegó a la ciudad, el único lugar seguro era detrás de las puertas cerradas.

Era peligroso respirar el polvo que había dejado la ventisca negra. También era muy difícil escapar si había que salir.

DESPUÉS DE QUE EL POLVO SE ASENTÓ

Después de unos ocho años, las tormentas de polvo finalmente terminaron. Pero el sufrimiento continuó. Las casas estaban arruinadas y las cosechas se perdieron. Sin cosechas que vender, muchas familias no podían pagar lo que debían por la tierra. Los bancos embargaron la tierra y de esta manera, muchas familias perdieron su granja.

Miles de familias granjeras desesperadas se dirigieron hacia California, en el Oeste, como **trabajadores migrantes**. Viajaban de granja en granja en busca de un trabajo estable. Los trabajadores migrantes se mudaban con frecuencia e iban de un lugar a otro a medida que los cultivos estaban listos para su cosecha.

A lo largo de los caminos de las Grandes Llanuras en la década de 1930, se podía ver personas que abandonaban su hogar. Atiborraban sus camiones o carros con lo que podían y se iban.

Muchas de las personas que perdieron sus granjas eran muy pobres para tener carro. Así que se subían a trenes que se dirigían a lugares donde podían encontrar trabajo.

Las personas buscaban trabajo en todos lados... pero no había trabajo. El gobierno ayudó lanzando programas como el Cuerpo Civil de Conservación (CCC). Los trabajadores del CCC plantaron hileras de árboles en las Grandes Llanuras para proteger el suelo de los vientos fuertes. Se animó a los granjeros a que dejaran algunos campos sin arar por un tiempo. Dejar la tierra en paz permitió que el suelo descansara y creciera la hierba. Estos cambios, con el tiempo, hicieron que el mantillo fuera más fértil. El período del Tazón de Polvo les había enseñado a los granjeros a cuidar mejor de la tierra.

En el año 1939, las lluvias finalmente llegaron. La larga seguía terminó. Una vez más, las olas doradas de trigo crecieron en las Grandes Llanuras.

Este niño tuvo cuidado de cubrirse la nariz y la boca durante una tormenta de polvo.

∧ Los vientos depositaron tierra en grandes cantidades en esta granja de Kansas.

∧ Esta familia de granjeros se dirigía al Oeste. Esperaban encontrar una vida mejor allí.

Compruébalo ¿A qué desafíos se enfrentaban las personas para intentar sobrevivir en las Grandes Llanuras durante el Tazón de Polvo?

Ni lluvia ni aguanieve...
NI FORAJIDOS

por Jeff Osier

Esta pintura de Frank McCarthy muestra a un jinete del *Pony Express*. Realiza su larga cabalgata entre St. Joseph y Sacramento.

Galopaban 2,000 millas a través de las Grandes Llanuras y las altas montañas occidentales, desde Missouri hasta California. Cabalgaban por un territorio reclamado por los nativo-americanos, que estaban decididos a defender sus tierras. Se enfrentaban a tormentas eléctricas y ventiscas. Eran fuertes, pero suficientemente livianos para no agobiar a los caballos. Y no temían al peligro. Estos valientes jinetes llevaban correo para el *Pony Express*. Un **expreso** es cualquier tipo de sistema que entrega mercancías o mensajes rápidamente.

Muchas personas se mudaban a California en la década de 1850. El *Pony Express* brindaba servicios postales entre este nuevo estado y el resto del país. Hasta entonces, los barcos llevaban el correo hasta y desde California. Los barcos tenían que pasar por el extremo sur de Sudamérica. Ese viaje podía tomar un mes o más.

El *Pony Express* vino al rescate. El recorrido por tierra sería peligroso... pero rápido. Entregaría correo desde St. Joseph, Missouri, hasta Sacramento, California, en solo 10 días. Esto no podía hacerse con uno o pocos jinetes. Pero podía hacerse con muchos jinetes y estaciones de relevo. Un **relevo** es la transmisión de algo de una persona a otra. Había aproximadamente 150 estaciones de relevo a lo largo de la ruta del *Pony Express*. Un jinete cabalgaría de una estación a la siguiente. Allí, intercambiaría su caballo cansado por uno descansado. Después de cabalgar a unas cuantas estaciones, el jinete le entregaba el saco de correo a otro jinete, que llevaba el correo un poco más lejos.

Aviso publicitario del
Pony Express

SIERRA NEVADA

GRAN CUENCA

Sacramento

Carson City

Salt Lake City

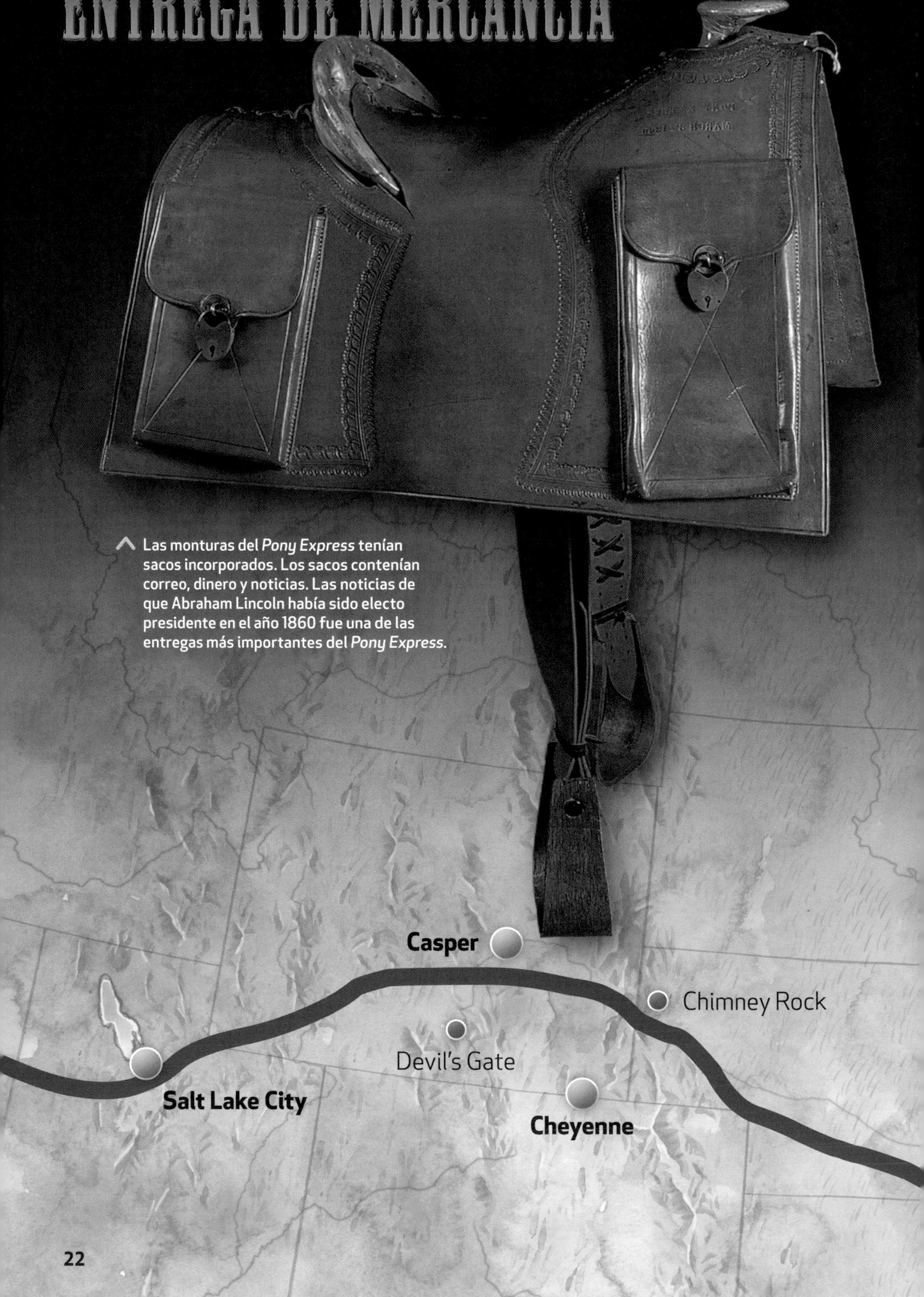

Las monturas del *Pony Express* tenían sacos incorporados. Los sacos contenían correo, dinero y noticias. Las noticias de que Abraham Lincoln había sido electo presidente en el año 1860 fue una de las entregas más importantes del *Pony Express*.

Casper

Chimney Rock

Devil's Gate

Salt Lake City

Cheyenne

Los jinetes del *Pony Express* se enfrentaban a peligros y condiciones **escabrosas**, o muy ásperas, todos los días. Un jinete como Johnny Fry (que se muestra abajo) podría haber descrito su día de trabajo así:

El juramento del *Pony Express* dice que no hay que insultar, no hay que ser cruel con los caballos y no hay que pelear, pero, ¡en ninguna parte del juramento dice que no puedo estar asustado!

Hace tres días los ladrones atacaron la estación del *Pony Express* en Rock Creek. Robaron algunos de los caballos e hirieron al pobre Reynolds, que atendía la estación mientras yo cabalgaba como un loco hacia Rock Creek.

No estaba tan lejos de la estación cuando oí el disparo. No supe de qué dirección provenía o incluso lo cerca que había sido, así que seguí cabalgando. Cuando llegué a Rock Creek, los ladrones acababan de escapar, y el médico local atendía la herida de bala de Reynolds. Me sentía conmocionado, pero intercambié mi caballo cansado por uno descansado y salí al camino de nuevo, manteniéndome alerta al peligro.

Llegué a las dos estaciones siguientes antes de que oscureciera, y vaya, qué contento estaba de haber llegado a salvo al final de mi recorrido. Ahora estoy agotado y listo para dormir. Pero ese disparo que oí justo antes de Rock Creek lo tengo todavía en mi mente. Reynolds es afortunado (va a estar bien), pero espero no meterme en aprietos con ladrones. Nadie ha perdido un saco de correo en esta ruta hasta ahora, ¡y no tengo pensado ser el primero!

> Nadie está seguro de quién cabalgó el primer tramo de la ruta del *Pony Express*. La mayoría de las personas creen que fue Johnny Fry. El 3 de abril de 1860, partió de St. Joseph, Missouri. Llevaba el primer saco de correo que se entregaría en Sacramento, California.

El *Pony Express* solo duró 18 meses. ¿Por qué terminó este servicio? Hay que culpar al telégrafo. Con este nuevo invento se enviaba mensajes a través de los cables eléctricos. El 24 de octubre de 1861, los cables del telégrafo finalmente conectaron la Costa Este con la Costa Oeste de los Estados Unidos. Con el servicio del telégrafo, los mensajes podían enviarse desde Nueva York hasta California en cuestión de minutos. El *Pony Express* desapareció, pero sobrevive en las leyendas de las Grandes Llanuras y el Salvaje Oeste.

Fairbury

St. Joseph

Marysville

Compruébalo ¿Qué problema resolvió el *Pony Express*?

ESTADO DEL TIEMPO EXTREMO

por Becky Manfredini

Bienvenido al Callejón de los tornados

Refúgiate. ¡Es un tornado! Si viste la película *El mago de Oz*, probablemente recuerdes a Dorothy, su perro Toto y su granja. Un remolino feroz llamado **tornado** los succionó. Aunque ese cuento era una fantasía, los tornados realmente pueden causar daños terribles. Un tornado puede arrancar techos, sacar árboles de raíz y destruir todo a su paso. Parte de la región de las Grandes Llanuras se conoce como Callejón de los tornados. Eso se debe a que los tornados azotan la región con bastante frecuencia y sin advertencia.

El área conocida como Callejón de los tornados es en realidad más grande de lo que pensábamos. El "nuevo" Callejón de los tornados crece a medida que nuestro clima global cambia.

¿Cuál es la causa de un tornado? Durante una tormenta eléctrica severa, el aire cálido y húmedo cerca del suelo se eleva rápidamente hasta las nubes más frías. El aire cálido se enfría y su humedad cae en forma de fuertes lluvias y granizo grande. Mientras tanto, el aire llega a toda prisa en todas las direcciones para llenar el espacio que el aire cálido dejó abajo. Este aire se comienza a remolinear, y se forma una nube con forma de embudo. Si la nube con forma de embudo toca el suelo, se convierte en un tornado. El interior de un tornado puede succionar todo lo que esté a su paso. Un tornado puede durar de unos cuantos segundos a unas cuantas horas. Pero la mayoría dura unos 10 minutos, que pueden parecer una eternidad.

Muchos de los 1,000 tornados que azotan los Estados Unidos cada año ocurren en el Callejón de los tornados a fines de la primavera o comienzos de otoño. Este tornado tocó tierra en las llanuras del sudeste de Colorado, cerca de la ciudad de Campo.

Rastreo de tornados

Sabemos cómo se forman los tornados y dónde azotan con más frecuencia, pero, ¿cómo podemos saber si uno se dirige hacia acá? Los **meteorólogos** son científicos que estudian el estado del tiempo. Los meteorólogos nos advierten cuándo se aproxima el mal tiempo. Prestan mucha atención a la temperatura, la velocidad del viento y las masas de aire en movimiento. Buscan atentamente las condiciones que podrían llevar al estado del tiempo severo a formar tornados. ¡Son observadores del estado del tiempo y rastreadores de tornados!

El **radar doppler** es un arma secreta de los meteorólogos. Envía ondas de radio largas e invisibles que les dan a los meteorólogos una imagen de lo peligrosa que es una tormenta y lo rápido que se desplaza. Las ondas de radio alcanzan las nubes y la **precipitación**, o agua que cae del cielo, luego, las ondas rebotan de nuevo hasta el radar.

∧ La torre del radar Doppler en una estación del Servicio Nacional de Meteorología

El radar Doppler también puede detectar tornados. Tal vez hayas visto el radar Doppler en la televisión o en un teléfono inteligente. Los mapas Doppler tienen códigos de colores según cuánta lluvia cae. También pueden mostrar una tormenta que se mueve en la pantalla.

Los tornados pueden destruir ciudades enteras en un instante. Debe advertirse a las personas de la llegada de un tornado, para que puedan buscar refugio.

Cada segundo cuenta. Los meteorólogos emiten dos tipos de mensajes sobre los tornados. Envían un "aviso de tornado" cuando las condiciones meteorológicas están dadas para que se forme un tornado y envían una "alerta de tornado" cuando se ha detectado un tornado. Estos mensajes meteorológicos ayudan a que las personas estén pendientes durante las alertas y se refugien durante las advertencias. Salvan vidas.

Lluvia suave

Lluvia torrencial

> Una aplicación del estado del tiempo en un teléfono inteligente puede mantenerte en alerta ante el estado del tiempo peligroso.

Conoce a un cazador de tormentas

Durante los tornados, es esencial refugiarse. Sin embargo el explorador de National Geographic, Tim Samaras, no siempre lo hacía. ¡Tim corría a toda prisa hacia ellos! Era un cazador de tormentas y su trabajo era rastrear tornados para estudiarlos. También era ingeniero en electrónica. Tim diseñaba y mejoraba sondas meteorológicas, que son instrumentos pequeños que se colocan en el recorrido de un tornado. Algunas de las sondas contenían cámaras de alta velocidad que registraban imágenes de video justo dentro del tornado. Las sondas ayudan a los científicos como Tim a comprender cómo se forma un tornado y determinan lo peligroso que puede ser.

periscopio

∧ Tim Samaras apunta su camioneta hacia un tornado que se aproxima.

TIM SAMARAS era el principal investigador de tormentas del Experimento de Muestreo Táctico Instrumentado del Estado del Tiempo en o cerca de Tornados (TWISTEX, por sus siglas en inglés). Usaba habilidades en ciencias, tecnología, ingeniería y matemáticas para investigar tornados. Tim pensaba que si comprendía mejor a los tornados, podría hacer predicciones más precisas y ayudar a las personas a prepararse para cuando uno llegara.

A medida que un tornado se aproximaba, succionaba las sondas de Tim al centro del remolino. Una vez allí, las sondas tomaban muchas mediciones en la parte más baja del tornado.

Desde una distancia segura, Tim examinaba las mediciones de las sondas. Usaba programas especiales en computadoras portátiles instaladas en su camioneta. La camioneta era una estación meteorológica con ruedas. Una antena de televisión en el techo de la camioneta le permitía observar imágenes satelitales y transmisiones de canales meteorológicos. También recibía información del Sistema de Posicionamiento Global (GPS) que decía exactamente dónde había una tormenta. Tim incluso podía ver relámpagos y otras condiciones meteorológicas asombrosas a través de una ventana de observación en el techo de su camioneta.

Tim Samaras solía ponerse en situaciones peligrosas para hacer nuevos descubrimientos sobre los tornados. Tristemente, Tim, su hijo Paul y su compañero investigador Carl Young murieron por causa de un tornado el 31 de mayo de 2013. Intentaban reunir datos científicos sobre la poderosa tormenta. Tim creía que si podía aprender más, quizá podía ayudar a mejorar nuestros sistemas de advertencia de tornados.

Relámpagos brillantes destellan en un cielo oscuro. Los truenos retumban. Piedras de granizo hacen pedazos los techos de los carros. A la distancia, una nube en forma de embudo serpenteante se hace más grande y oscura. Ruge como un tren que se aproxima. De repente arranca el techo de una casa y saca del suelo un árbol de un tirón. Ese es el poder de un tornado en acción.

Los científicos saben mucho sobre los tornados y otros estados del tiempo extremos. Sin embargo, hay mucho más para aprender. También hay mucha información errónea. ¡Échale un vistazo a la siguiente prueba para evaluar tus conocimientos!

¿VERDADERO O FALSO?

Abre las ventanas para que tu casa esté a salvo cuando llegue un tornado.

FALSO: Los vientos altos de un tornado pueden dañar una casa sin importar si las ventanas están abiertas o cerradas.

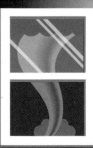

Un tornado puede saltear casas, dañando unas, pero otras no.

VERDADERO: Un tornado puede "saltar" hacia arriba y abajo aleatoriamente. Nunca se sabe dónde caerá.

Los relámpagos nunca golpean el mismo lugar dos veces.

FALSO: Las estructuras altas y puntiagudas atraen los relámpagos. Estos suelen golpearlas repetidamente.

Los tornados no cruzan el agua.

FALSO: Un tornado sobre el agua se llama tromba.

Un sótano, un armario o una habitación en el centro de una casa es el lugar más seguro durante un tornado.

VERDADERO: Y aléjate de las ventanas. Las ventanas pueden romperse por la fuerza del viento. ¡El vidrio saldrá volando!

Es buena idea buscar refugio debajo de un paso elevado o puente durante el estado del tiempo extremo.

FALSO: Si se forma un tornado, puede azotar el puente. Puedes golpearte con escombros que vuelen. Es mejor encontrar una zanja o un barranco y permanecer allí boca abajo.

Un cielo verdoso siempre es señal de que se aproxima un tornado.

FALSO: Un cielo verde significa estado del tiempo severo. Eso puede o no ser un tornado.

Un carro puede ir más rápido que un tornado.

FALSO: Un carro que se desplaza velozmente puede viajar a unas 80 millas por hora. Pero los tornados también pueden viajar a esa velocidad. También pueden cambiar de dirección repentinamente. Y no es necesario que sigan el camino o esperen al tránsito.

Compruébalo ¿Cómo usan la tecnología los meteorólogos y los cazadores de tormentas para aprender sobre los tornados?

Comenta

1. ¿Qué conexiones puedes hacer entre los cinco artículos de este libro? ¿Cómo se relacionan los cinco artículos entre sí?

2. ¿Cuáles son algunos de los desafíos y las oportunidades que implica vivir en las Grandes Llanuras?

3. ¿Cómo te ayuda la lectura de los relatos de la vida real de personas que sobrevivieron las ventiscas negras a comprender lo que sucedió durante el Tazón de Polvo?

4. ¿Cómo cambiaron las maneras en las que se comunican las personas desde la época del *Pony Express*?

5. ¿Qué más quieres saber sobre las Grandes Llanuras y los temas que se comentan en el libro?